AF383208

rencontré des difficultés
lors de l'arrivée du premier ?

Qu'est-ce qui met en danger la vie
de couple lorsque l'on a des enfants ?

Comment faire respecter concrètement notre besoin
d'intimité auprès
de nos enfants ?

Quels sont les moments où vous pouvez mettre de côté
votre rôle
de parent ?

Comment éviter d'être culpabilisé(e) par l'entourage sur
la façon
d'éduquer ses enfants ?

Comment gérer sa vie de couple, professionnelle et
familiale en même temps ?

Comment faire prendre conscience à son/sa partenaire
qu'il/elle accorde trop de temps aux enfants ?

PRÉSERVER SA VIE DE COUPLE QUAND ON EST PARENT

Conjuguer vie de couple et vie de famille, c'est possible !

Par Aurélie Dorchy
Sous la direction d'Antonella Delli Gatti

50MINUTES.fr

PRÉSERVER SA VIE DE COUPLE QUAND ON EST PARENT

CONJUGUER VIE DE COUPLE ET VIE DE FAMILLE, C'EST POSSIBLE !

- **Problématique ?** Habitué(e) à partager de précieux moments d'intimité au sein de votre couple, vous craignez de les perdre lorsque vous aurez des enfants. Vous avez déjà des enfants et vous vous laissez submerger par cette responsabilité. Comment se consacrer à eux tout en maintenant votre relation amoureuse au beau fixe ?
- **Objectifs ?** Garder (voire renforcer) sa vie de couple tout en assumant pleinement son rôle de parent.
- **FAQ**
  - Notre enfant ne veut pas nous laisser du temps pour nous. Que faire ?
  - Pouvons-nous envisager un deuxième enfant alors que nous avons rencontré des difficultés lors de l'arrivée du premier ?
  - Qu'est-ce qui met en danger la vie de couple quand on a des enfants ?
  - Comment faire respecter concrètement notre besoin d'intimité auprès de nos enfants ?
  - Quels sont les moments où vous pouvez mettre de côté votre rôle de parent ?
  - Comment éviter d'être culpabilisé(e) par l'entourage sur la façon d'éduquer ses enfants ?
  - Comment gérer sa vie de couple, professionnelle et familiale en même temps ?

○ <u>Comment faire prendre conscience à son/sa partenaire qu'il/elle accorde trop de temps aux enfants ?</u>

De nos jours, les couples ont peu d'enfants. Ceux-ci sont d'autant plus désirés qu'ils sont rares et font l'objet d'un véritable choix. Cependant, la société incitant chacun d'entre nous à toujours plus de performance, vous voulez probablement être parfaits aux yeux de vos enfants.

Très vite, vous répondez à toujours plus de sollicitations intempestives de leur part et passez plus de temps à jouer votre rôle de parent que celui d'individu à part entière ou à alimenter votre relation de couple de moments enrichissants. Or est-il vraiment adéquat de tout donner à ses enfants sans jamais prendre de temps pour cultiver ses passions et pour vivre pleinement sa relation avec celui ou celle qui vous accompagne dans cette aventure, à savoir votre conjoint(e) ?

S'il est bien sûr primordial de passer du temps avec ses enfants, vous êtes aussi deux adultes qui forment un couple et qui ont besoin de vivre des moments entre adultes. En effet, rien ne vous oblige véritablement à parler « bébé », « parcours scolaire » et « notes catastrophiques du petit dernier » en permanence.

Vous apprendrez dans ce petit guide comment refaire progressivement de la place à vous et à votre couple sans pour autant négliger l'éducation et les moments privilégiés avec votre enfant. Il ne sera d'ailleurs pas question de négligence mais d'une présence de plus grande qualité auprès de vos enfants, puisque vous aurez su recharger vos batteries

et que votre relation amoureuse aura été préservée de la
routine.

QUAND ON NÉGLIGE SON COUPLE

LE COUPLE ET SON DÉSIR D'ENFANT

Tous les couples sont différents. Les individus qui les composent ont chacun leur propre histoire, leur personnalité et leurs désirs. De plus, chacun a sa propre idée de la manière dont il faut éduquer les enfants. À deux, ces individus élaborent une vision du couple et des enfants qui est sans cesse en construction. L'enfant va ainsi venir occuper une place particulière vis-à-vis du couple en fonction de la « nature » ainsi que de l'intensité de leur désir d'enfant. Plusieurs cas peuvent exister.

- Les deux partenaires désirent un enfant, que ce soit pour vivre de nouvelles aventures, pour légitimer leur couple ou leur mariage, pour transmettre des valeurs ou encore pour palier, consciemment ou non, des manques.
- L'un des deux partenaires est plus mitigé sur ce désir d'enfant, voire n'en désire pas. Néanmoins, il existe des couples dans lesquels l'un des partenaires, à la base peu motivé, accepte malheureusement de concevoir un enfant pour faire plaisir à l'autre ou par peur de décevoir. Quelquefois, les partenaires se séparent pour que chacun puisse réaliser sa vie de son côté, l'un ne souhaitant vraiment pas avoir d'enfants pour des raisons qui lui sont personnelles.
- L'un des deux partenaires souhaite ardemment un enfant car il pense que ce dernier comblera certains manques affectifs. Ce peut être pour cela que le parent va s'investir de manière démesurée dans l'éducation de leur enfant.

La situation idéale est celle de deux personnes entièrement prêtes à avoir un enfant et à assumer cette responsabilité, de sorte qu'elles ne regrettent pas d'avoir dû mettre de côté des projets et des rêves et qu'elles n'en soient pas frustrées.

TESTEZ-VOUS

Nous vous proposons ici un test qui peut sembler quelque peu banal mais qui peut être révélateur. En effet, il s'agit ici de questionner votre conjoint(e) pour savoir comment il ou elle se représente le métier de parent et identifier ses éventuelles craintes. Grâce à cet outil, vous pourrez instaurer un dialogue peut-être plus constructif et mieux préparer l'arrivée d'un enfant – à moins que vous ne constatiez que vous n'êtes finalement pas prêt(e). Si vous n'avez pas encore d'enfant, c'est donc le moment de questionner votre conjoint(e) :

- Te sens-tu prêt(e) à devenir parent ?
- Y a-t-il une chose que tu voudrais faire avant de devenir parent ?
- Qu'est-ce qui te plaît le plus dans le fait de devenir parent ?
- Qu'est-ce qui te fait le plus peur dans le fait de devenir parent ?
- Y a-t-il une activité de couple que tu voudrais absolument garder en devenant parent ?
- Y a-t-il une activité individuelle que tu voudrais absolument garder en devenant parent ?
- Quel est le comportement de bébé ou d'enfant que tu saurais le mieux gérer ?

- Quel est le comportement de bébé ou d'enfant que tu saurais le moins gérer ?
- Quel est le message que tu voudrais le plus faire passer à tes enfants ?
- Es-tu prêt(e) à me voir jouer le rôle de parent ?
- Que n'accepterais-tu pas de ma part ?

L'important est d'instaurer un dialogue et d'être certain(e) que vous avez tous les deux le même désir avant de vous lancer dans la grande aventure qu'est la naissance d'un enfant. Dans le cas contraire, cet heureux événement pourrait avoir des conséquences fatales sur votre couple ; ne vous précipitez pas !

LE BABY-CLASH

Une fois que ce désir prend forme et s'incarne dans la réalité de la vie, la venue au monde d'un enfant peut être bouleversante. Ce petit être va notamment venir modifier toutes vos habitudes prises et changer en profondeur le cours de votre vie. De plus, il n'est pas rare qu'avec son arrivée, certaines parts d'ombres des parents émergent plus clairement. Quand cela se produit, il peut advenir ce que les spécialistes appellent le baby-clash.

Le baby-clash consiste en la séparation des parents suite à la naissance d'un bébé. Ainsi, dans les faits, beaucoup de couples mettent très tôt fin à leur relation après l'accouchement, se sentant dépassés par les événements. Ils ont été comme épouvantés par l'arrivée de l'enfant et par le sentiment d'être incapables de la gérer.

Les causes d'un baby-clash peuvent être très diversifiées et se manifester suite à des problèmes ou à des conflits que vous n'avez pas pu traiter et qui se sont manifestés différemment en fonction des sensibilités de chacun. Si l'arrivée d'un enfant n'a pas été anticipée correctement, si l'on se laisse envahir par des pensées négatives sans chercher à en parler avec un proche en qui on a entièrement confiance ou un professionnel, si l'on en veut à son partenaire pour l'une ou l'autre chose ou encore, si la fatigue accumulée suite à la grossesse et à l'accouchement est importante et que rien n'est fait pour y remédier, il se peut que vous en arriviez à une rupture. En effet, vous risquez de reporter la faute sur l'autre, de le délaisser ou de manquer de force pour traiter le problème.

C'est pourquoi il n'est jamais superflu de communiquer avec son compagnon ou sa compagne et d'oser lui faire des demandes concrètes pour que certains de vos besoins soient entendus. N'hésitez pas non plus à discuter avec des personnes qui ont vécu des situations similaires et à demander conseil. Votre couple mérite que vous vous battiez pour lui d'autant qu'une troisième personne, fruit de votre amour, est à présent en jeu !

LE PARENT HÉLICOPTÈRE

Le concept du « parent hélicoptère » est récent et renvoie à un type d'éducation caractérisé par la surimplication du parent dans la vie de son enfant, afin d'en écarter tout danger ou toute imperfection.

Certains parents, surtout les mères, donneraient tout pour

leurs enfants. Ils pensent tendre vers un altruisme absolu. Pourtant, cela peut au contraire découler d'une certaine forme d'égoïsme et de possessivité pouvant aller jusqu'à étouffer l'enfant. Typiquement, les parents dits « hélicoptères » ne supportent pas que leurs enfants s'éloignent au-delà d'une certaine limite, au point qu'ils font tout pour les garder à la maison, sous leurs yeux, afin de s'assurer qu'il ne leur arrive rien. Une telle attitude demande une vigilance de tous les instants et entretient par là même une dépendance chez l'enfant. Tout est fait pour que celui-ci n'échoue jamais et qu'il ne lui arrive aucun malheur. Dès lors, il ne fait pas suffisamment l'expérience « de la vie » pour pouvoir devenir parfaitement autonome.

Les enfants ont pourtant droit à vivre leur propre vie, sous peine de faire monter l'anxiété au sein de la cellule familiale. Il faut admettre qu'un tel degré d'exigence des parents envers leurs enfants demande à chacun énormément d'énergie à fournir au quotidien pour être irréprochables, tant pour les uns que pour les autres. L'un des risques possibles est que l'enfant fasse alors tout pour préserver ses parents de toute angoisse et n'ose pas vivre sa propre vie.

Si vous pensez être dans ce cas, commencez par être fier/ fière d'en avoir pris conscience. Vous allez pouvoir identifier progressivement certaines situations plus concrètes où vous jouez effectivement le parent hélicoptère. À cet instant, essayez de réfréner votre envie d'intervenir, à moins qu'un véritable danger ne menace votre enfant. Sachez établir des priorités. Ainsi, il est plus important que votre enfant sache dire « bonjour » et « merci » plutôt qu'il mette absolument des chaussures fermées quand il joue dans le jardin.

À tout le moins, votre enfant doit pouvoir faire des erreurs, même si cela peut être douloureux pour chacun. Dans le cas contraire, il ne fera que reproduire vos conseils sans en comprendre réellement les raisons et ne pourra pas prendre ni ses propres décisions, ni sa véritable place dans la société. Lorsqu'il remplit des papiers administratifs ou qu'il fait un choix amoureux par exemple, sachez vous montrer discrets pour que votre enfant fasse lui-même son chemin. Il sera d'autant plus heureux de vous demander conseil si vous ne lui en avez pas déjà donné une centaine sans même lui donner le temps de réfléchir par lui-même.

LES ENFANTS, « UN TUE-L'AMOUR » ?

Beaucoup de préjugés circulent sur les enfants et sur la manière dont ils tuent le couple. Le mariage, en soi, conduit parfois les couples à ne plus échanger que des banalités. Or avoir des enfants n'arrangerait rien, puisque toute l'attention se reporte sur ces derniers. Cette constatation peut décourager certaines personnes qui n'étaient déjà pas très enclines à avoir un enfant.

Aussi, beaucoup font état que les bébés affectent le sommeil des parents en hurlant la nuit, que la femme devenant mère refroidit les ardeurs de son compagnon et empêche leur sexualité de reprendre ses droits, ou encore que l'un des parents doit tout gérer pendant que l'autre se désinvestit et s'adonne davantage à son boulot ou à ses loisirs. Par ailleurs, si l'enfant se comporte mieux avec l'un des deux parents, cela peut entraîner de la jalousie et du ressentiment.

Dès qu'ils ont un enfant, les parents peuvent étrangement oublier qu'ils ont été des individus à part entière et s'investir corps et âme dans leur nouveau rôle. Différentes explications sont possibles : certains adorent tout simplement les enfants, d'autres répètent des schémas qu'ils ont vécus dans leur enfance, d'autres encore espèrent être parfaits aux yeux de leurs enfants.

Gardez à l'esprit que ce ne sont que des préjugés et qu'il n'appartient qu'à vous d'échapper à cette soi-disant fatalité. En effet, plus on s'inquiète des petits détails du quotidien, plus on surveille ses enfants pour qu'il ne leur arrive rien et plus on oublie d'accorder du temps à sa moitié. La relation s'appauvrit alors par manque d'attention et une routine mortifère s'installe. Pourtant, un petit geste suffirait souvent à remettre de l'ordre dans votre relation.

On n'ose pas toujours parler de ses soucis à l'extérieur. Il est pourtant primordial de prendre le temps de souffler et voir que l'on n'est pas les seuls à vivre cette situation. Pourquoi alors ne pas regarder un film qui aborde le sujet avec humour, histoire de prendre un peu de distance et rire des problèmes des autres en toute innocence ?

<table>
<tr><td>10 films à regarder pour s'inspirer et dédramatiser</td></tr>
</table>

1. Bébé mode d'emploi
2. Le plan B
3. Une famille 2 en 1
4. Treize à la douzaine
5. Mais comment font les femmes ?
6. Demandez la permission aux enfants !
7. Ce qui vous attend si vous attendez un enfant
8. 40 ans : Mode d'emploi
9. En cloque, mode d'emploi
10. Un bonheur n'arrive jamais seul

QUAND L'ENFANT QUITTERA LE NID FAMILIAL...

L'enfant grandissant, il crée progressivement son univers propre et survient le moment où il souhaite quitter le nid familial. Il construit enfin sa vie, et les parents n'ont plus que rarement leur mot à dire.

Les deux parents, jusqu'alors surinvestis dans leur rôle, font de nouveau face à ce qu'ils étaient au commencement, à savoir un couple en tant que tel. Or chacun semble avoir oublié ce qui faisait le sel de la relation, comment se comporter l'un avec l'autre.

Cette transition mérite d'être anticipée, de la même façon que le départ à la retraite de l'un des partenaires. Il vous faudra assumer le départ des enfants et non chercher à les retenir à la maison pour éviter d'être à nouveau confronté(e) à votre partenaire. Soyez conscient(e) de ce retour en arrière inéluctable et acceptez que l'adaptation se fasse lentement.

COMMENT RETROUVER UNE VIE DE COUPLE HARMONIEUSE ?

S'il n'est pas question de négliger son enfant et l'éducation solide qu'il mérite, il ne s'agit pas pour autant de s'y consacrer 24 heures sur 24. Vous ne devez pas oublier tout ce qui fait de vous un homme ou une femme, vos rêves et votre couple. S'oublier totalement à son nouveau rôle de parent engendrera immanquablement de la frustration.

Par ailleurs, de nombreux couples désirent conserver la flamme et se retrouver en tête à tête, sans y parvenir. En effet, ils voient bien souvent trop grand et espèrent avoir une journée entière – voire plus – à se consacrer pour pouvoir se montrer leur amour. Comme il n'est évidemment pas facile de trouver autant de temps, ils finissent par laisser tomber. Pourtant, de nombreux petits gestes d'amour peuvent être faits au quotidien, sans qu'un effort particulier ne soit nécessaire et sans compter tous les moments courts mais intenses qui peuvent être dégagés.

En effet, lorsque des habitudes ont été prises, il peut sembler difficile de réorganiser ses journées. Par ailleurs, face à un problème, on pense souvent qu'il faudra entreprendre de lourds changements pour le solutionner. Or ce sont souvent de petites actions qui font la différence.

<u>**QUELLE PLACE OCCUPE VOTRE COUPLE AU SEIN DE LA CELLULE FAMILIALE ?**</u>

En faisant ce test, vous découvrirez quelle est la place que vous accordez à votre conjoint(e) et à votre couple malgré une vie de famille bien remplie. Vous aurez une idée de ce que cela implique concrètement et comprendrez à quel point rééquilibrer les relations au sein de votre famille est essentiel.

1. Vous partez à la plage en famille, vous...
- ▲ veillez H24 à la sécurité des enfants
- ■ faites des câlins à votre conjoint et les enfants jouent à côté
- ● confiez vos enfants à une autre famille pour pouvoir vous promener en amoureux

2. Votre conjoint est très stressé en ce moment et devient irritable, vous...
- ▲ lui demandez de ne pas en faire pâtir les enfants
- ■ demandez aux enfants de jouer calmement pour que papa se repose
- ● proposez à votre conjoint une sortie de son choix

3. Votre enfant vous surprend dans le lit, vous...
- ▲ n'osez plus jamais vous laisser aller de la sorte
- ■ laissez du temps passer avant de vous y remettre
- ● communiquez avec les enfants et recommencez

4. Les voisins vous disent combien les enfants les fatiguent, vous...

▲ dites que chez vous, les enfants font votre bonheur

■ racontez vos propres anecdotes à ce sujet

● expliquez que les enfants vous laissent respirer de temps en temps

5. Votre enfant n'arrête pas de chercher à capter votre attention « maman, maman, maman... », vous...

▲ répondez à ses sollicitations le plus souvent possible

■ perdez patiente mais ne voyez pas comment changer cela

● prenez du temps pour vous en occuper pleinement puis reprenez vos activités

6. Vous voyez que votre partenaire est débordé avec les petits derniers, vous...

▲ avez vous-même des choses importantes à faire de votre côté

■ lancez quelques ordres aux enfants avant de retourner à vos occupations

● prenez en charge l'un des enfants, car c'est 50/50

7. Votre compagnon semble mélancolique ces temps-ci, vous...

▲ lui demandez de se reprendre au plus vite

■ lui demandez régulièrement ce qui ne va pas

● discutez longuement avec lui et tentez de ne pas en rajouter

8. La journée qui vous plairait le plus, c'est...
- ▲ une journée de bricolage et de cuisine avec les enfants suivie d'une promenade en famille
- ■ faire un jeu de plein air avec les enfants puis vous reposer dans les bras de votre conjoint le soir
- ● Emmener vos enfants chez leur tante et passer le reste de la journée en amoureux

9. Le soir, votre habitude avant d'aller dormir, c'est de...
- ▲ lire une histoire aux enfants, les border, lire et vous endormir rapidement
- ■ border les enfants, regarder la télé en amoureux puis dormir
- ● border les enfants, faire une activité en amoureux, vous faire des câlins puis dormir

10. Le défaut de votre conjoint que vous supportez le moins :
- ▲ son indifférence pour les questions d'ordre familial
- ■ sa propension à faire des activités seul sans vous en proposer
- ● son sur investissement dans l'éducation des enfants, son manque d'écoute

Triangle : Peu voire quasi pas de place. Chez vous, tout tourne autour des enfants et peu de place est laissée à tout ce qui concerne votre couple. Vous prenez même parfois votre partenaire pour un(e) énième enfant et le/la grondez s'il/si elle ne participe pas assez à la logistique ou à l'éducation des petits.

Si vous avez raison d'attendre de votre partenaire qu'il/elle fasse des enfants une priorité et remplisse sa part du contrat, veillez à ce que son manque d'investissement ne vienne pas du trop grand nombre d'injonctions que vous lui faites ainsi qu'à vos enfants. Il/elle voit peut-être l'éducation d'une autre manière et ne peut donc totalement vous soutenir. Essayez de voir si vous n'auriez pas besoin tous les deux de décrocher un petit peu de votre rôle de parent et de réinjecter de la légèreté dans votre routine.

Carré : une certaine place. Bien que vous teniez énormément à votre rôle de parent, que vous fassiez le maximum pour que les enfants se sentent bien et que vous aimez vous en occuper, vous avez gardé quelques rituels de couple auxquels vous tenez aussi. Vous trouvez probablement difficile de toujours tout gérer mais vous prenez tant bien que mal en considération les ressentis de votre partenaire et vos envies de passer du temps ensemble.

Pourtant, alors que vous êtes un peu dépassés par les événements, vos activités communes se résument souvent à regarder la télévision ensemble ou à vous étreindre discrètement dans un coin. Pour pimenter un peu tout cela, tentez d'organiser une soirée par semaine où la télévision est remplacée par un autre passe-temps ; affirmez aussi les désirs de votre couple.

Rond : une place prépondérante. Vous semblez avoir fait de la place aussi bien à vos enfants qu'à votre partenaire, avec lequel/laquelle vous continuez d'entretenir une riche relation, faite de sorties à deux, de discussions profondes et de moments de délassement bien agréables. Cela n'exclut pas, bien entendu, que vous vous occupiez correctement de vos enfants, mais ils profitent peut-être d'un peu plus de liberté ou participent davantage aux travaux ménagers que dans d'autres familles. Continuez d'alimenter autant vos relations parents-enfants que conjoint à conjoint. Petit conseil toutefois, restez bien à l'écoute de vos enfants, pour pouvoir être présents s'ils ont besoin de vous.

DES MOMENTS DE QUALITÉ
AVEC VOS ENFANTS

Dans les premiers mois après la naissance, il est normal que la mère et l'enfant vivent en symbiose : les 9 derniers mois ont été très intenses pour chacun d'eux. Or, par la suite, vous pouvez envisager de reprendre une vie propre et de vous détacher quelque peu de cette relation fusionnelle qui peut s'être installée entre vous et votre enfant. Pensez que ce dernier ne nécessite pas votre présence à tout instant : dès lors, vous pouvez le confier à un proche pour vous ménager un moment rien qu'à vous et retrouver votre vie de couple.

Ensuite, il faut s'assurer que l'éducation des enfants se fasse correctement et de concert avec votre partenaire. Au fil des années, votre objectif est de vous assurer que l'enfant soit petit à petit capable de s'occuper seul, qu'il se fasse des amis avec lesquels il peut passer du temps, etc. Vous concernant, il est normal que vous accordiez de l'attention à votre enfant, notamment en jouant avec lui, sans en arriver à l'étouffer. En effet, le but à atteindre n'est pas de passer tout votre temps à ses côtés, ce qui serait néfaste autant pour vous, pour votre couple que pour votre enfant. Vous risquez d'alterner des moments où vous êtes parfaitement à son écoute et d'autres où ses sollicitations permanentes vous épuisent, à tel point que vous songiez à le laisser de côté. À ce stade, l'important est de retrouver chacun votre indépendance pour conserver une relation parent-enfant saine.

Pourquoi ne pas accorder un véritable moment de qualité à votre enfant ? Vous restez avec lui un temps limité, environ 25 minutes, parfaitement concentré(e) sur les jeux que vous partagez et ensuite, vous retournez vaquer à vos occupations. De la sorte, comme l'enfant se sent pleinement reconnu, satisfait, il devrait vous laisser davantage en paix : n'oubliez pas de privilégier la qualité à la quantité !

DES MOMENTS DE QUALITÉ AVEC VOUS-MÊME

Maintenant que vous avez instauré des moments précis qui permettent de partager de la complicité avec vos enfants, vous pouvez songer à vous retrouver vous-même, à travers vos envies et vos passions.

Votre temps étant certainement compté – entre votre vie professionnelle et personnelle –, pensez d'abord à de petites bulles d'air. Lisez quelques pages d'un roman, jouez une partition musicale, lancez-vous dans un projet qui demande cinq minutes d'attention par jour. Au fur et à mesure que vous reprendrez vos aises et que vos enfants grandiront, vous pourrez dégager davantage de temps et vous atteler à des activités plus conséquentes.

De temps à autre, permettez à votre partenaire de s'évader en assurant la garde des enfants jusqu'à son retour : il ou elle ne vous en sera que plus reconnaissant(e). N'hésitez pas à demander également la même faveur afin que ce ne soit pas toujours la même personne qui le fasse pour l'autre. Pensez que vous avez besoin tous deux de vos moments rien qu'à vous pour vous épanouir en tant qu'individu, en dehors de votre rôle de parent.

DE PETITES ATTENTIONS POUR VOTRE PARTENAIRE

Vous avez instauré des moments de complicité avec vos enfants et vous parvenez à trouver du temps pour prendre soin de vous au travers de l'une ou l'autre occupation agréable. À présent, il est temps de vous ouvrir à votre partenaire.

Tout d'abord, partez du principe que vous ne connaissez pas totalement votre partenaire. Il ou elle ne vous dit pas à tout moment le fond de sa pensée, ce qu'il ressent face à certaines situations, etc. Malgré le fait qu'il ou elle ait tout naturellement accordé une grande place à votre enfant, votre moitié désire probablement en secret retrouver sa propre place auprès de vous et dans votre couple, sans savoir comment s'y prendre.

Bien que les proportions varient d'un individu à l'autre, chacun a besoin de vivre des moments de qualité et de recevoir régulièrement de petites attentions dans son couple. Votre compagnon/compagne, tout comme vous, a besoin que vous lui exprimiez votre amour de l'une ou l'autre manière. Selon ses préférences, cela se fait à travers le toucher, les cadeaux, les services rendus, les petits moments privilégiés et les paroles réconfortantes. Si vous prenez du recul sur votre situation, vous constaterez qu'il est possible d'octroyer à votre moitié de petits instants de bonheur à plusieurs reprises au cours de la semaine sans qu'un quelconque effort ne soit nécessaire.

Lorsque votre enfant vous appelle pour jouer auprès de lui, ne pouvez-vous pas au préalable embrasser votre chéri(e) quelques secondes ? Lorsque vous cherchez un petit cadeau pour votre enfant, ne pouvez-vous pas aussi en chercher pour votre partenaire et faire d'une pierre deux coups ? Lorsque vous mettez au point toute une expédition pour enchanter vos enfants et leurs amis à l'autre bout du pays, votre partenaire n'a-t-il/elle pas le droit, lui/elle aussi, à une petite sortie le lendemain ? Le week-end comporte deux jours entiers durant lesquels il est possible de consacrer un moment à chacun.

Enfin, si votre partenaire apprécie les petits mots d'amour ou une aide ponctuelle, la semaine ne manque certainement pas d'occasions pour exprimer votre affection. Le but n'est pas d'en mettre plein la vue une seule fois, mais de faire de petits plaisirs régulièrement.

Un moment de qualité peut durer cinq minutes comme il peut durer une journée. C'est à vous de déterminer sa durée en fonction de l'activité et de vos envies. C'est un moment durant lequel vous accordez toute votre attention à une personne qui vous est chère, voire à vous-même, tout simplement.

Durant ce moment, vous vous investissez pleinement dans une activité qui a été choisie d'un commun accord : boire un verre, raconter votre journée, faire un câlin, jouer à un jeu de société, visiter une exposition, etc. La liste peut s'allonger à l'infini, l'important étant que cela vous plaise et vous laisse de bons souvenirs à tous les deux.

Le but est de passer un bon moment durant lequel chacun a pu se ressourcer, sans qu'il n'y ait d'interruption : pensez à vous isoler de toute distraction, en particulier du téléphone ou d'Internet. En bref, il s'agit de vous octroyer un moment où vous êtes tout simplement coupés du monde, un moment que vous vivez pleinement, sans vous laisser distraire par l'extérieur.

Ayez à l'esprit que vos enfants partiront un jour de la maison, alors que votre couple perdurera. Cela vaut donc la peine de remettre votre couple en avant-plan.

« Nous, on continue à dégager du temps en amoureux. On attend le soir pour se faire un apéro, un repas et des câlins

DEMANDER DE L'AIDE SI BESOIN

Dans certains couples, l'un des partenaires peut sembler se désintéresser des enfants. Vous éprouvez alors probablement un sentiment d'injustice et d'abandon et il vous est difficile de le cacher. Comment se fait-il que votre moitié ne pense pas à vous apporter de l'aide, alors que cela doit se voir comme le nez au milieu de la figure que vous n'arrivez pas à tout gérer ?

Bien que cela semble évident, ne croyez pas tout savoir de ce que ressent votre partenaire. Envisagez le fait qu'il/elle peine peut-être à trouver sa place au sein de la famille. En ne faisant vous-même jamais appel à lui/elle pour vous donner un coup de main, il/elle peut avoir l'impression que vous gérez tout et se sentir inutile. Même si c'est pénible d'avoir à verbaliser tous vos besoins, vous serez certainement étonné(e) de voir tout ce que votre partenaire est prêt(e) à faire lorsque vous exprimez des demandes concrètes. Il/elle sera alors content(e) de pouvoir participer pleinement à l'éducation de vos enfants et à votre équilibre personnel.

De même, votre partenaire ressent peut-être du stress provoqué par ses activités extérieures, que l'impératif de perfection ressenti au sein même du foyer peut amplifier. Il/elle souffre peut-être de la peur d'être « une mauvaise mère » ou « un mauvais père ». Ne mérite-il/elle pas une oreille attentive lui permettant de se décharger de tout ce qui l'encombre ? Si une solution ne peut être trouvée tout de suite à un problème de fond, passer un peu de temps pour se parler fera déjà la différence. Ainsi, peu importe les difficultés que vous rencontrez : n'oubliez jamais de communiquer avec votre partenaire. Vous serez étonné(e) de constater à quel point un bon dialogue peut vous soulager du poids qui pèse sur vos épaules.

FAIRE GARDER SON ENFANT

En modifiant progressivement votre mode de vie, le couple que vous formez devrait se remettre sur pied. En plus des petites attentions apportées à chacun, veillez à vous réserver des moments en tête à tête. En effet, s'il est louable de passer du temps en famille et de faire découvrir des activités à ses enfants, vous avez tout à fait le droit de vivre pleinement votre vie d'adulte.

La première étape consiste à déterminer si vous souhaitez passer la soirée chez vous ou si vous préférez vous échapper à l'extérieur, le temps d'une soirée ou d'un week-end. Une soirée jeux vidéo, jeux de sociétés ou un *city trip* : qu'est-ce qui vous fait envie ? Une fois le choix posé, essayez de vous y tenir et de ne pas abandonner votre idée à la première difficulté (des week-ends trop chargés, un enfant malade, un temps maussade, etc.), au risque de ne jamais la concrétiser.

« Quand on a des enfants, il n'est plus possible de faire la grasse matinée comme avant. Par contre, si on s'organise bien, il est toujours possible de faire les sorties que l'on veut. On est d'ailleurs toujours arrivé à partir en vacances, que

ce soit seuls, en amoureux ou avec les enfants. » (Pascale,
41 ans)

La seconde étape est l'occasion de dresser la liste des
personnes de votre entourage en lesquelles vous auriez
suffisamment confiance pour leur confier la garde de vos
enfants. Cela peut être un parent, un ami ou une baby-sitter.
L'idéal est d'avoir plusieurs contacts, afin que ce ne soient
pas toujours aux mêmes personnes de s'occuper de votre
famille.

Si vous êtes un parent fort soucieux, essayez de vous séparer
de votre enfant étape par étape. Apprenez à faire confiance
à d'autres parents et évitez de téléphoner à la moindre
inquiétude. Ayez à l'esprit qu'en étant gardé par d'autres
que vous, votre enfant découvrira d'autres manières de
fonctionner, vivra des expériences propres qui lui ouvriront
l'esprit. Quand vous vous retrouverez, vous aurez plein de
choses à vous raconter.

Un travail au quotidien

Il existe une multitude de façons de nourrir votre relation avec vous-même, avec votre partenaire et avec
les enfants.

- **Avec vous-même**
  - Réfléchir à votre conception du couple et de
    l'éducation des enfants.
  - Demander de l'aide et déléguer.
  - Demander à votre partenaire de garder les
    enfants.

- Vous permettre de lire un livre, de prendre soin de vous en faisant du sport, etc.
  - Prendre du recul quand une situation ne convient pas et oser en parler.
  - Formuler précisément vos envies et trouver des solutions concrètes et originales.

- **Avec votre partenaire**
  - Prendre le temps de communiquer quand quelque chose ne va pas.
  - Faire régulièrement un câlin ou regarder la télévision enlacés en soirée.
  - Mettre de petits mots doux sur des post-its collés un peu partout dans la maison.
  - Acheter une petite surprise (un livre, une figurine, un chocolat, etc.) à son/sa partenaire.
  - Le/la complimenter.
  - Partager de petits moments ensemble : jeux de société, expositions, cinéma, promenades, cours de danse de salon, cuisine, etc.
  - Garder les enfants pendant que votre partenaire vaque à ses occupations.

- **Avec vos enfants**
  - Être entièrement disponible pendant une durée déterminée et brève.
  - Jouer à un jeu ensemble.
  - Lire une histoire.
  - Leur raconter votre histoire d'amour avec votre conjoint(e).
  - Choisir une baby-sitter qui plaise à tout le monde.

INCULQUER LE RESPECT DE L'INTIMITÉ

En tant que couple, vous êtes en droit de réclamer de l'intimité à vos enfants. Pour ce faire, ces derniers peuvent occuper une partie de la maison pendant que vous en occupez une autre pendant un laps de temps donné. Savoir communiquer est ici fondamental. Le message à faire passer est qu'il s'agit d'un moment important pour vous deux que vos enfants doivent respecter.

Si vous sentez une résistance de leur part, alors qu'ils sont peut-être habitués à vous solliciter fréquemment, persévérez. N'hésitez pas à leur spécifier que votre intimité peut être interrompue s'ils rencontrent un problème particulier et réel, autre que l'égarement d'une chemise ou un manque de chips dans le placard. Cette démarche apprend à l'enfant à ne pas envahir la vie de ses parents et à respecter leur intimité. N'oubliez pas que si vous avez précédemment partagé un moment privilégié avec votre enfant, ce dernier sera plus enclin à vous laisser profiter de ce moment. Une fois que ses besoins et sa sécurité sont assurés, qu'est-ce qui pourrait vous empêcher de passer un peu de temps avec votre chéri dans votre chambre ?

Aussi, osez fermer les portes pour délimiter votre territoire. Dans des familles plutôt fusionnelles où l'on a tendance à vivre tous ensemble dans le salon, vous échapper occasionnellement n'empêche en rien d'être convivial à d'autres moments.

Et vous, dans quelle situation vous trouvez-vous ? Si vous n'arrivez pas à vous octroyer ces petites pauses, le petit questionnaire que nous vous proposons ci-dessous va vous permettre de mettre le doigt sur ce qui pose problème. De plus, vous verrez très vite qu'il est tout à fait possible de poser des actes concrets pour renverser la situation si cette dernière vous pèse et aller vers un mieux. Soyez attentifs aux raisons pour lesquelles vous vous êtes laissé envahir par vos enfants. Certaines sont plus profondes que d'autres et méritent peut-être que vous discutiez avec votre partenaire ou que vous approfondissiez la question avec un psychologue.

INTERROGEZ-VOUS !

Quelle place vos enfants tiennent-ils dans votre quotidien ?

- Quels sont les moments où vous trouvez que vos enfants empiètent sur votre vie de couple ?
- Avez-vous déjà essayé de changer les choses ? Oui – Non
- Si non, pourquoi n'avez-vous pas essayé ?
    - mes enfants ne m'écouteraient pas ;
    - c'est dur de changer ses habitudes ;
    - je n'ai pas le droit de demander du temps pour moi-même ;
    - je n'y ai jamais vraiment pensé ;
    - le temps passé avec mes enfants compte plus pour moi que ma vie privée ou le couple ;
    - autres.
- Si oui, quelle était votre démarche et pourquoi, selon vous, n'a-t-elle pas fonctionné ?

- Aujourd'hui, comment vous y prendriez-vous pour reprendre votre vie de couple en main ? Quelles idées, petites et grandes, vous viennent à l'esprit ? N'hésitez pas à les mettre en pratique. En testant différentes attitudes et en y allant progressivement, vous devriez pouvoir faire bouger les choses. Même de petits gestes sont bons à prendre pour réaliser vos objectifs.

DES GESTES D'AFFECTION AU QUOTIDIEN

Certains couples sont gênés de s'enlacer devant leur enfant. Ils pensent que « cela ne se fait pas » ou trouvent étrange de s'embrasser devant des yeux innocents. Se toucher n'est alors permis que dans la chambre conjugale. Pourtant, vous manifester un peu de tendresse peut rassurer vos enfants sur l'amour que vous vous portez mutuellement. Beaucoup s'imaginent que leurs parents ne s'aiment plus vraiment parce qu'ils ne les ont jamais vu partager de gestes tendres. Certains peuvent même se sentir coupables, persuadés que leurs parents ne s'aiment plus parce qu'ils ont fait quelque chose de mal.

Pour ne pas donner l'impression à votre enfant que l'amour et les relations durables n'existent pas, osez montrer votre amour en public. En gardant l'habitude de vous faire de petits câlins ou des caresses quand vous en avez envie, vous vous donnez une chance de rester proche de votre partenaire, avec lequel/laquelle vous formez un couple aimant et solide. Bien entendu, vous avez tout à fait le droit de décider de ce qui est bon pour votre couple. L'essentiel est que chacun des partenaires se sente à l'aise dans la relation. Si vous êtes un couple peu tactile, il est normal que vous n'éprouviez pas le besoin d'échanger des caresses régulièrement. Par contre, si vous aimez tous les deux manifester votre tendresse, ne vous en privez surtout pas.

Dans le cas où l'un des deux partenaires aime s'exprimer par le toucher alors que l'autre est davantage pudique, voyez quels sont les gestes que vous pourriez mettre en place pour faire plaisir à votre partenaire tout en étant vous-même à votre aise. Ne vous obligez jamais à faire quelque chose qui vous dérange. Il existe toutes sortes de gestes, allant de l'accolade aux étreintes plus intenses en passant par le câlin, qui peuvent respecter les envies de chacun. Sachez explorer cette palette ensemble et réaliser ce qui vous plaît à tous les deux.

Dans un autre registre, celui de la sexualité, des couples vivent mal la baisse de libido qui peut survenir après un accouchement. Bien dormir quand on a un bébé qui hurle fréquemment la nuit devient le parcours du combattant, le pragmatisme remplace le romantisme alors que le père a souvent l'impression que sa compagne fait moins d'efforts pour lui plaire et le délaisse au profit de leur bébé. Or, au final, l'expérience sexuelle peut devenir plus riche dans le cadre d'un couple avec des enfants, si l'on se fait à l'idée que ce sera quelque peu différent. Il est possible de se réserver des moments sensuels : le principal n'est pas la durée ni la quantité de ces moments mais leur présence. Toucher l'autre, lui montrer qu'il nous plaît, prendre un bain à deux, etc. sont des attitudes qui peuvent être mises en place pour garder sexualité épanouissante au sein du couple.

AUX GRANDS MAUX LES GRANDS REMÈDES

Si de petits gestes ne suffisent pas à réinsuffler du bonheur dans votre couple, regardez de plus près votre histoire personnelle. Vous pouvez par exemple le faire à travers une psychothérapie ou des séances de constellation familiale.

La constellation familiale est une méthode qui se pratique durant des séances régulières, en groupe ou en individuel, ou lors de stages, et qui invite à explorer son histoire familiale. Grâce à cette activité thérapeutique, vous comprendrez mieux certains comportements problématiques que vous pouvez manifester et les raisons pour lesquelles vous n'arrivez pas à être vous-même. Durant les séances, quelqu'un joue le rôle d'un membre de votre famille, afin de vous confronter avec la réalité et de mettre en lumière ce qui bloque ainsi que les comportements que vous avez mis en place, dont vous souhaiterez peut-être vous débarrasser, maintenant qu'ils n'ont plus lieu d'être.

Des thérapies conjugales ou familiales sont, elles aussi, des outils puissants pour comprendre les blocages et les mécanismes qui minent votre vie de couple ou de famille afin d'y remédier progressivement. Pour bénéficier d'une telle aide, il vous faut bien entendu en parler à votre moitié et à vos enfants pour leur montrer l'importance que cela a pour vous et pour votre famille. Choisissez évidemment la thérapie qui vous paraît la plus appropriée à votre situation, mais aussi celle pour laquelle vous manifesterez le plus de force pour l'entreprendre et la maintenir sur le long terme. Il est très important que vous soyez à votre aise durant de telles démarches.

Il existe toutefois quelques astuces et petits gestes simples à mettre en place au quotidien pour garder une relation de couple saine : peut-être ces quelques conseils suffiront-ils à préserver votre vie de couple sans l'intervention d'un professionnel. Nous vous proposons également 10 pièges à éviter, à moins que ces situations ne vous conviennent à tous les deux ; en effet, chaque couple est différent !

10 pièges à éviter	10 attitudes à mettre en place
1. Appeler son compagnon « papa » ou « maman ». En effet, vous risquez d'oublier qu'il/elle est avant tout votre conjoint(e) et de lui faire jouer un rôle qui n'est pas approprié.	1. Mettre en place de petits rituels à deux.
2. Avoir les enfants comme seul sujet de conversation.	2. Entretenir votre sensualité et votre sexualité.
3. Laisser les enfants dormir dans votre lit.	3. Faire la sieste ensemble, à défaut de bien dormir la nuit.
4. Se laisser aller et ne plus prendre soin de soi.	4. Partager des discussions et des loisirs communs, même si leur temps est limité.
5. Laisser un problème empirer avec le temps.	5. Organiser vos sorties à l'avance. De cette manière, vous pouvez être certain(e) d'avoir bientôt un moment à deux et pouvez vous détendre au quotidien.

10 pièges à éviter	10 attitudes à mettre en place
6. Exclure le père de la relation maman-bébé.	6. Profiter des moments où votre enfant dort ou joue dans son coin.
7. Répondre à toutes les sollicitations de votre enfant.	7. Faire une liste de baby-sitters potentielles qui vous permettront de sortir avec votre conjoint(e) de temps à autre.
8. Vouloir tout gérer seul(e).	8. Réduire certaines exigences liées à l'enfant : aucun parent n'est parfait !
9. Avoir une maison entièrement parsemée de jouets, ce qui vous donne l'impression que votre habitation appartient plus aux enfants qu'à vous.	9. Communiquer un maximum avec son conjoint(e).
10. Se moquer des erreurs de votre conjoint(e) devant sa famille, vos enfants ou ses amis.	10. Penser à décompresser dès qu'il y a surcharge pour éviter de craquer.

L'important est de pouvoir trouver votre propre équilibre au travers de ces quelques conseils et de cerner ce qui convient à votre couple. Ainsi, n'oubliez pas que la naissance d'un enfant ne signifie pas la fin de votre vie amoureuse, elle ne fait que marquer un nouveau départ !

NOTRE ENFANT NE VEUT PAS NOUS LAISSER DU TEMPS POUR NOUS. QUE FAIRE ?

Demandez-vous si vous n'avez pas, au fil des ans, été responsable de l'envahissement de votre enfant dans votre vie de couple. Il ne s'agit pas ici de vous culpabiliser, mais de comprendre comment cela a pu arriver. Il est normal, dans des interactions familiales, d'être faillible à certains moments, ce qui ne signifie pas que la situation soit irrémédiable.

Pour retrouver du temps pour votre couple, il faut que vous réaffirmiez progressivement sa place au sein de la cellule familiale. En plus d'être des parents, montrez que vous êtes aussi des individus à part entière avec leurs propres centres d'intérêt, mais également un couple qui s'aime et qui a ses activités propres.

Instaurez progressivement des rituels qui montrent à votre enfant que vous êtes occupés et qu'il doit momentanément s'occuper de son côté. Le but n'est pas de le tenir à l'écart en permanence, mais qu'il y ait un temps pour tout : un temps pour jouer avec vos enfants, un temps pour qu'il joue seul pendant que vous vaquiez à vos occupations ou que vous vous retrouviez en couple.

Sachez qu'il faudra peut-être du temps et un peu de communication pour retrouver une situation plus agréable pour tout le monde, mais le chemin en vaut la peine, car cela permettra à votre couple de renaître d'une part, et à votre enfant de moins compter sur vous et d'être plus autonome d'autre part.

POUVONS-NOUS ENVISAGER UN DEUXIÈME ENFANT ALORS QUE NOUS AVONS RENCONTRÉ DES DIFFICULTÉS LORS DE L'ARRIVÉE DU PREMIER ?

Si votre première expérience en tant que parent vous a donné beaucoup de fil à retordre, ce n'est pas une raison suffisante pour éviter un second bébé. Néanmoins, vous avez raison de vous interroger, afin de ne pas revivre les mêmes situations problématiques.

Tout d'abord, veillez à bien dialoguer avec votre conjoint(e) pour identifier ce qui n'a pas été la première fois et la raison pour laquelle vous souhaitez un second enfant. Assurez-vous que chacun est prêt à être parent une deuxième fois, compte tenu de ses projets personnels, des événements passés ou de ses limites.

Si vous désirez un second enfant uniquement pour faire mieux que la première fois, ce n'est sans doute pas une bonne idée et il vaut mieux alors réfléchir à la manière dont vous pourriez améliorer la situation dans votre famille telle qu'elle se présente actuellement, pour que chacun s'y sente le mieux possible, y trouver sa juste place et se sente reconnu.

Dans tous les cas, si vous avez rencontré des difficultés lors de la naissance de votre premier enfant, ça ne présage en rien de plus grandes difficultés lors de l'arrivée du second. Le tout est de dialoguer en osant dire ce qu'on a sur le cœur, de se faire aider par d'autres parents ou par des psychologues et de ne pas hésiter à refuser un second enfant si vous ne vous sentez pas prêt(e).

QU'EST-CE QUI MET EN DANGER LA VIE DE COUPLE LORSQUE L'ON A DES ENFANTS ?

Ce qui met en danger la vie de couple lorsque vous avez des enfants, c'est de focaliser votre attention sur ces derniers en permanence. Dès lors, vous n'alimentez plus ni votre vie intérieure, ni votre relation amoureuse : vous n'organisez plus de moments à deux, même au sein de votre foyer.

Au lieu d'interroger votre partenaire sur sa journée, ce qui l'anime et le préoccupe, vous revenez sans cesse sur les succès et les échecs de vos enfants, les achats à faire pour la rentrée et les soucis éducatifs. Ainsi, vous oubliez votre vie de couple autant que votre vie de femme ou d'homme, ce qui n'est pas sans conséquence.

COMMENT FAIRE RESPECTER CONCRÈTE-MENT NOTRE BESOIN D'INTIMITÉ AUPRÈS DE NOS ENFANTS ?

Pour faire respecter son besoin d'intimité auprès de ses enfants, il faut décider de plages horaires durant lesquelles vous spécifiez ne pas vouloir être dérangés. Expliquez en des termes simples que vous désirez passer du temps en amoureux.

Par ailleurs, spécifiez les pièces qui seront interdites d'accès pendant ce laps de temps et, si vous craignez que votre besoin d'intimité ne soit pas respecté et que vos enfants pénètrent par bravade dans la pièce où vous vous trouvez, n'hésitez pas à fermer la porte à clé. Enfin, apprenez très tôt à vos enfants à frapper avant d'entrer. Ajoutez toutefois que vous êtes toujours disponibles s'ils ont besoin de vous.

QUELS SONT LES MOMENTS OÙ VOUS POU-VEZ METTRE DE CÔTÉ VOTRE RÔLE DE PARENT ?

Bien que vous soyez désormais des parents à temps plein, vous n'êtes pas obligés d'être omniprésents dans la vie de vos enfants. Si les médias et certaines personnes vous donnent l'impression que vous pourriez toujours faire mieux et plus, sachez que chaque famille est différente et que jouer la carte de la perfection peut parfois avoir des effets néfastes.

Lorsque votre enfant s'occupe tout seul dans sa chambre, lorsqu'il s'amuse avec ses frères et sœurs dans la salle de jeux ou qu'il loge temporairement chez un membre de votre famille, voire chez des amis, pourquoi ne pas en profiter pour lâcher prise ? Bien que ce ne soit pas toujours facile, faites confiance à vos enfants et à ceux qui s'en occupent. Une fois les recommandations les plus basiques données, ils sauront d'eux-mêmes identifier les dangers et les éviter : les couver en permanence les empêche de faire leur propre expérience de la vie et de devenir autonomes.

Si vous êtes un parent poule, sachez qu'avoir un œil sur vos enfants est très différent d'intervenir à tout bout de champ, avant même qu'ils ne rencontrent une quelconque difficulté. En les laissant vivre librement, ils auront davantage envie de se tourner vers vous s'ils ont un problème. Au début, n'hésitez pas à impliquer votre entourage pour qu'il garde un œil attentif sur votre enfant et vous avertisse s'il a réellement un comportement à risques.

COMMENT ÉVITER D'ÊTRE CULPABILISÉ(E) PAR L'ENTOURAGE SUR LA FAÇON D'ÉDUQUER SES ENFANTS ?

Dans votre entourage, certains ont une certaine propension à prêcher la bonne parole au sujet de la façon d'éduquer les enfants ou à se mêler un peu de ce qui ne les regarde pas. Même si leur intention n'est pas mauvaise, vous pouvez progressivement vous sentir coupable de fonctionner différemment. Pourtant, il est difficile de changer le comportement des autres. Sachez écouter ce que l'on vous dit et trier ce qui vaut la peine d'être pris en considération ou non.

Si vous sentez que votre famille fonctionne bien, pourquoi changer parce que d'autres font différemment ? La pression des médias ou de l'entourage cause souvent des remises en question finalement inutiles, dès lors que vous êtes heureux comme vous êtes. Vous n'avez de compte à rendre à personne. Ainsi, ce n'est pas parce que d'autres parents sont très protecteurs avec leurs enfants que vous devez l'être autant avec les vôtres. Même s'il y a des tendances qui sont observées dans la société, comme celles des parents hélicoptères par exemple, tout dépend toujours du contexte et des aspirations de chacun. Les familles se suivent mais ne se ressemblent pas !

COMMENT GÉRER SA VIE DE COUPLE, PROFESSIONNELLE ET FAMILIALE EN MÊME TEMPS ?

Gérer son temps n'est pas facile. Des parents au foyer peuvent avoir l'impression d'être sur le pied de guerre du matin au soir sans jamais avoir de temps pour eux-mêmes ; des parents qui travaillent à l'extérieur peuvent, quant à eux, regretter de ne pas consacrer assez de temps à leur progéniture.

Dans les deux situations, la vie de couple est peut-être sacrifiée au nom d'une disponibilité maximale pour les enfants. Dans ce cas, prenez un peu de recul pour identifier quelques attitudes chronophages, comme celle de vouloir absolument superviser tous les moments de jeu de vos enfants, et remplacez-les par des moments de qualité en amoureux. Même si ce sont des moments brefs, ils vaudront toujours la peine d'être vécus et ce sera toujours mieux que rien du tout !

COMMENT FAIRE PRENDRE CONSCIENCE À SON/SA PARTENAIRE QU'IL/ELLE ACCORDE TROP DE TEMPS AUX ENFANTS ?

Votre partenaire s'occupe trop des enfants à votre goût et cela vous pèse. Il est normal de partager votre ressenti avec lui/elle pour trouver un début de solution. Il/elle ne se rend peut-être pas compte que vous vous sentez mis(e) de côté.

Pour communiquer votre sentiment et être sûr(e) qu'il soit entendu, n'hésitez pas à prendre votre conjoint(e) à part et à vous assurer qu'il/elle vous écoute totalement. Ensuite, mettez-y les formes en utilisant le « je » et non le « tu » accusateur. Le « tu t'occupes trop des enfants » devient « j'ai l'impression que notre relation est en *stand-by* depuis que nous avons des enfants » ou « je me sens mis(e) de côté quand les enfants sont là ». Formulez le plus clairement possible ce que vous aimeriez mettre en place dans votre vie de tous les jours avec votre partenaire.

Proposez ensuite des solutions qui puissent vous convenir à tous les deux. N'attendez pas de votre compagnon/compagne qu'il/elle change du tout au tout, du jour au lendemain, mais visez des objectifs bien délimités et progressifs. N'hésitez pas à le/la reconnaître et à l'encourager lorsqu'il/elle fait des efforts.

POUR ALLER PLUS LOIN

SOURCES BIBLIOGRAPHIQUES

- BODENMANN (Guy), *Une vie de couple heureuse*, Paris, Odile Jacob, 2003.
- « Comment le couple peut surmonter le "baby clash" ? », in *Laligue.be*, consulté le 20 juillet 2017. https://www.laligue.be/leligueur/articles/comment-le-couple-peut-surmonter-le-baby-clash
- DEVIENNE (Émilie), *Être femme sans être mère. Le choix de ne pas avoir d'enfant*, Paris, Robert Laffont, 2007.
- FERNANDEZ (Ysidro), *Proverbes psy pour mieux vivre*, Paris, Eyrolles, 2005.
- GORDON (Thomas), *Parents efficaces. Les règles d'or de la communication entre parents et enfants*, Vanves, Marabout, 2013.
- NEMET-PIER (Lyliane), *Aimer ses enfants sans se laisser dévorer*, Paris, Albin Michel, 2015.
- PELLÉ DOUEL (Christilla), « Les enfants détruisent-ils la vie intime ? », in *Psychologies.com*, consulté le 20 juillet 2017. http://www.psychologies.com/Couple/Vie-de-couple/Au-quotidien/Articles-et-Dossiers/Reussir-sa-vie-de-couple/Les-enfants-detruisent-ils-la-vie-intime/7-Les-enfants-sont-faits-pour-partir-le-couple-est-fait-pour-durer
- PURVES (Libby), *Comment ne pas être une famille parfaite*, Paris, Pocket, 1994.
- SALOMÉ (Jacques), « Enfermée dans votre rôle de mère », in *Psychologies.com*, consulté le 20 juillet 2017. http://www.psychologies.com/Famille/Etre-parent/Mere/

Articles-et-Dossiers/Enfermee-dans-votre-role-de-mere

- VAINEAU (Anne-Laure), « 5 conseils pour éviter le baby-clash », in *Psychologies.com*, consulté le 20 juillet 2017. http://www.psychologies.com/Famille/Etre-parent/Equilibre-du-couple/Articles-et-Dossiers/5-conseils-pour-eviter-le-baby-clash/4Parvenir-a-faire-equipe

www.50minutes.fr

Éditeur responsable : Lemaitre Publishing
Avenue de la Couronne 159 | BE-1050 Bruxelles
info@lemaitre-editions.com

ISBN ebook : 978-2-8062-7628-5
ISBN papier : 9782-8-0627-629-2
Dépôt légal : D/2017/12603/679
Photo de couverture : © Zarya Maxim – Fotolia.com

Conception numérique : Primento,
le partenaire numérique des éditeurs.